말랑말랑
마음대화

말랑말랑 마음대화

나와 친구의 마음을 말랑하게 해줄
다섯 가지 대화 방법

옥이샘 글·그림

지식프레임

시작하며

우리는 다양한 마음을
지니며 살고 있어요.

화가 나거나 속상함,
미안함, 슬픔, 기쁨, 고마움….

이런 마음을
어떻게 나타내는지에 따라서
친구끼리 사이가 더 좋아질 수 있고
반대로 더 멀어질 수도 있지요.

나와 친구의 마음을
말랑말랑 부드럽게 해주고
우리 사이가 더욱 따뜻해지는
마음 대화 방법을 알려 줄게요.

마음 대화를 통해
나의 마음을 스스로 다스리며
친구와 슬기롭게 대화해 보세요!

차례

Part 2

미안해서 사과할 때는 어떻게 말하지? 047

Part 3

칭찬(격려)할 때는 어떻게 말하지? 077

Part 4

위로할 때는 어떻게 말하지?   107

Part 5
고마울 때는 어떻게 말하지? 135

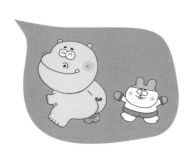

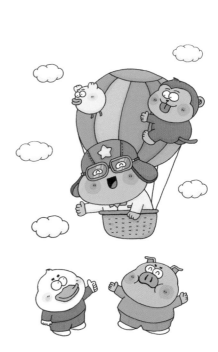

Part 1
화가 나거나 속상할 때는 어떻게 말하지?

학교생활을 하다 보면, 친구의 말과 행동 때문에 화가 나고 속상한 마음이 들었던 경험이 있을 거예요. 그런데 화를 드러내기 위해, 거친 욕과 폭력을 쓰는 것은 바람직하지 못해요. 욕이나 폭력은 나의 화를 풀어 주지 못할 뿐 아니라, 오히려 내 마음을 화에 더욱 휩싸이게 만들기 때문이지요. 또한 상대방과 사이가 더 나빠질 수 있어요.

그렇다고 해서 화가 나는 마음을 꾹꾹 눌러 숨겨 둘 필요는 없어요. 화를 제대로 표현하지 않는다면, 나를 화나게 만든 사람은 자신의 잘못을 반성하지 않고, 내 마음만 점점 속상해질 거예요.

자, 그러면 어떻게 해야 할까요?

우선, 나의 마음을 들여다 보세요. 그리고 내가 화났다는 사실을 알아차리고 받아들입니다.

앗, 내 마음속에 화가 가득하구나!

이제 내가 화나는 까닭을 곰곰이 생각해 보세요. 내가 화나는 이유를 찾다 보면, 불같이 일어나는 화가 좀 누그러질 거예요.

아하, 그런 이유 때문에 화가 났었군.

그런 다음, 슬기롭게 화를 표현해 보세요. 슬기롭게 나의 화를 표현하는 방법으로 '나 전달법'이 있답니다.

친구의 마음은 상하지 않게 하면서 **나의 마음을** 전달하고,

상대방이 스스로 자신을 돌아보고 반성 하도록 하는 대화법이에요.

나 전달법

나 전달법을 알기 위해서는 **사나바**를 기억하면 돼요.

'사나바'가 무엇이냐고요? 친구 관계를 좋게 만들어 주는 마법 같은 아이스크림이랍니다.

수박바 　　　　 돼지바 　　　　 멜론바

초코바 　　　　 죠스바 　　　　 딸기바

사나바!
이것만 기억하면,
나 전달법을
쉽게 익힐 수 있어요!

사나바는 나 전달법의 대화 순서인 **사실→나의 마음→바람**을 뜻해요. 기억하기 쉽도록 각 낱말의 앞 글자를 따서 만든 말이지요. 나 전달법으로 대화하면, 상대방은 나의 마음을 이해하고 잘못을 멈출 가능성이 높아져요.

나 전달법의 대화 순서에 대해 한번 자세히 알아볼까요?

사실

비난이나 평가를 하지 않고,
사실(친구의 말이나 행동)만을 말하기

네가 나를
돼지라고
부르며 놀리면

나의 마음

나의 마음을 차분하게 말하기

나는 화가 나.
(속상해,
기분이 좋지 않아)

바람

상대방 친구에게 바라는 것 말하기

앞으로
그러지 않았으면
좋겠어.

나 전달법으로 대화할 때는 몇 가지 주의할 점이 있답니다.

👆 상대방을 탓하지 않고 객관적인 사실(친구의 말이나 행동)만을 말해요. 이렇게 하면 상대방은 자신을 되돌아보게 된답니다.

✌️ 너무 공격적으로 말하거나 욕이나 폭력을 쓰면 안 돼요. 앞의 만화에서 봤기 때문에 여러분은 그 이유를 이미 알고 있죠?

👆 '나의 마음'을 말할 때는 솔직하게 말합니다. 상대방을 의식해서, 지나치게 마음을 숨기거나 소극적으로 말하지 않아도 괜찮습니다.

✌️ '바람'을 말할 때는 "~하면 좋겠어." 또는 "~해줄 수 있어?"라고 상대방에게 선택권을 주는 대화 방법이 더욱 효과적입니다.

 나 전달법으로 말했는데, 상대방이 바로 사과나 만족할 만한 반응을 보이지 않더라도 조급해하지 마세요. 중요한 것은 바로 여러분 마음의 평화랍니다.

그...그래서
어쩌라고?

우유

지금까지 이 책을 보면서, 여러분은 나 전달법에 대해 머릿속으로 쉽게 이해했을 거예요. 하지만 실제 생활에서 자연스럽게 쓰기 위해서는 연습이 필요하겠죠?

책장을 넘기면 학교생활을 하면서 실제로 겪을 수 있는 다양한 상황이 펼쳐질 거예요. 지금 배운 나 전달법으로 대화 연습을 직접 해보세요. 대화 연습을 마치고 나면, 앞으로 속상한 일을 겪더라도 화에 사로잡히지 않고 나의 마음을 상대방에게 효과적으로 전달할 수 있답니다.

01 내 학용품을 함부로 사용하는 친구에게

📢 **나 전달법**에 따라, 알맞은 말을 써 보세요.

사실 _____

나의 마음 _____

바람 _____

🔍 **마음 돋보기**

허락도 받지 않고 내 책상 위의 학용품을 함부로 쓰다니! 그 친구는 심지어 내 축구공이나 아끼는 모자까지 마음대로 사용하는군요. 친구가 나를 무시하고 함부로 대한다는 생각에 매우 기분 나쁘고 화가 나요. 나의 화난 마음을 전달하기 위해서는 나 전달법이 필요하겠죠?

예시 대화 💬

사 내 물건을 허락도 받지 않고 써서 **나** 기분이 좋지 않아. **바** 내 물건을 함부로 쓰지 않았으면 좋겠어.

02 청소 당번인데 혼자 도망가려는 친구에게

📢 **나 전달법**에 따라, 알맞은 말을 써 보세요.

> **사**실 ....
>
> **나**의 마음 ....
>
> **바**람 ....

🔍 **마음 돌보기**

오늘은 우리 모둠이 교실 청소 당번이에요. 역할을 분담해서 청소하면 어렵지 않게 금방 끝난답니다. 앗! 그런데 혼자 도망간 친구가 있어요. 이러면 남은 우리들은 더 힘들어져요. 청소 시간도 늘어나지요. 이런 상황에 속상하고 화가 나요.

예시 대화 💬

😊 함께 교실 청소 당번인데 네가 청소를 하지 않고 혼자 가서 😊 청소 시간이 더 늘어나고 힘들었기 때문에 화가 났어. 😊 앞으로 청소 시간에 함께 해줄 수 있어?

03 시험 못본 나한테 성적 자랑하는 친구에게

📢 **나 전달법**에 따라, 알맞은 말을 써 보세요.

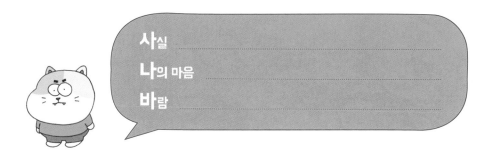

사실 ....

나의 마음 ....

바람 ....

🔍 **마음 돋보기**

수학 시험 결과가 나왔어요. 기대했던 것보다 점수가 좋지 않아 매우 속상해요. 이런 내 마음도 모르고, 내 앞에서 100점을 맞았다고 자랑하는 친구가 있지 뭐예요! 눈치도 없이 자랑하는 친구를 보니, 속이 부글부글 끓는 느낌이에요. 그렇다고 친구에게 욕을 하고 때릴 수는 없겠죠?

예시 대화 💬

🅢 수학 시험을 망친 나에게 네가 백 점을 맞았다고 자랑해서 🅝 속상한 마음이 들었어. 🅑 앞으로 그러지 않았으면 좋겠어.

04 보드게임 정리를 안 하고 가려는 친구에게

📢 **나 전달법**에 따라, 알맞은 말을 써 보세요.

사실 _____

나의 마음 _____

바람 _____

🔍 **마음 돋보기**

쉬는 시간에 교실에서 보드게임을 하며 놀지요. 재미있게 놀고 난 후, 다음 수업이 시작하기 전까지 빨리 정리를 하고 자기 자리에 앉아야 해요. 함께 놀았으면 함께 정리를 하는 것이 당연하죠! 그런데 정리를 하지 않고 혼자 가버린 친구가 있어요. 어이가 없고 당황스러워요.

예시 대화 💬

사 나무 쌓기 보드게임을 함께 정리하지 않고 혼자 가서 **나** 당황스러운 마음이 들어. **바** 앞으로 보드게임 정리를 함께 해줄 수 있어?

05 내 외모에 대해 놀리는 친구에게

📢 **나 전달법**에 따라, 알맞은 말을 써 보세요.

사실 ....

나의 마음 ....

바람 ....

🔍 **마음 돋보기**

내 외모에 대해서 심하게 놀리는 친구가 있어요. 한두 번도 아니고 만날 때마다 그러니 무시하고 싶어도 짜증이 치밀어요. 마음 같아서는 그 친구의 멱살을 잡고, 주먹을 휘두르고 싶지요. 그러나 그런 방법은 오히려 내 마음의 평화를 무너뜨릴 수 있어요.

예시 대화 💬

사 내 외모에 대해서 놀려서 **나** 화가 나. **바** 앞으로 나를 놀리지 않았으면 좋겠어!

06 급식 줄을 새치기한 친구에게

🔊 **나 전달법**에 따라, 알맞은 말을 써 보세요.

사실 ....
나의 마음 ....
바람 ....

🔍 **마음 돋보기**

급식은 학교생활의 큰 즐거움이죠! 급식실로 가는 발걸음은 늘 가볍고 신나요. 차례대로 줄을 서고 있는데, 내 앞으로 갑자기 어떤 친구가 새치기를 했어요! 화가 났지만, 그렇다고 욕을 할 수는 없어요. 그런 방법으로는 상대방의 진정한 반성을 이끌어 낼 수 없기 때문이에요.

예시 대화 💬

🄐 급식을 받으려고 줄을 서고 있는데 갑자기 내 앞으로 들어와서 🄝 당황스럽고 놀랐어. 🄑 차례대로 줄을 서 줄 수 있어?

07 나에게 거짓말을 하는 친구에게

📢 **나 전달법**에 따라, 알맞은 말을 써 보세요.

사실 ....

나의 마음 ....

바람 ....

🔍 **마음 돋보기**

약속 시간이 되었는데도 친구의 모습이 보이지 않아요. 결국 한참 지난 후에야 친구가 나타났어요. 기분이 좋지 않았지만, 친구의 사정을 듣고 별말을 하지 않았지요. 그런데 나중에 그때 친구의 말이 거짓이라는 사실을 알았답니다. 거짓말에 속았다니, 정말 화가 나요!

예시 대화 💬

사 약속 시간에 늦고, 나에게 거짓말을 해서 **나** 기분이 좋지 않아. **바** 앞으로 나에게 거짓말을 하지 않으면 좋겠어.

08 인터넷에 허락 없이 사진을 올린 친구에게

📢 **나 전달법**에 따라, 알맞은 말을 써 보세요.

🔍 **마음 돋보기**

학교에서 어린이 요가 수업을 열심히 하고 있어요. 그런데 휴대폰으로 몰래 제 모습을 찍은 친구가 단톡방에 그 사진을 올렸지 뭐예요. 매우 불쾌하고 화가 나요! 이런 짓은 장난이 아니라 심각한 폭력이라는 사실을 그 친구는 알아야 해요.

예시 대화 💬

🔵 요가 수업 시간에 네가 나의 사진을 몰래 찍고, 동의 없이 인터넷에 올려서 🔵 불쾌하고 화가 나. 🔵 그 사진을 지우고 앞으로 그러지 않았으면 좋겠어.

❜9 모둠 활동에 참여하지 않는 친구에게

📢 **나 전달법**에 따라, 알맞은 말을 써 보세요.

사실 ....

나의 마음 ....

바람 ....

🔍 **마음 돋보기**

사회 시간에 모둠별로 발표 수업을 하기로 했어요. 모둠 친구들끼리 발표할 내용을 정하고, 역할을 나누어 차근차근 준비하기로 했지요. 그런데 유독 한 친구가 아무것도 안 하려고 해서 불안하고 걱정이 들어요.

예시 대화 😊

사 네가 모둠 활동에 참여하지 않아서 **나** 발표를 잘할 수 있을지 걱정이 많이 돼. **바** 모둠 활동에 함께 참여해 줄 수 있어?

10 놀이를 자기 마음대로 하려는 친구에게

📢 **나 전달법**에 따라, 알맞은 말을 써 보세요.

> **사**실 _____
>
> **나**의 마음 _____
>
> **바**람 _____

🔍 **마음 돋보기**

급식을 먹고 남은 점심시간에 운동장에서 놀 수 있지요. 친구들끼리 의견을 나눠서 무슨 놀이를 할지 결정하곤 해요. 그런데 어떤 친구가 자신의 뜻대로만 놀이를 하길 원해서 당황스러워요. 이런 나의 마음을 나 전달법으로 전달해야겠어요.

예시 대화 💬

사 너의 마음대로만 놀이를 하려고 해서 **나** 당황스러워. **바** 놀이할 때 친구들과 의견을 함께 나누면 좋겠어.

Part 2

미안해서
사과할 때는
어떻게 말하지?

나의 잘못으로 인해 친구가 속상한 마음을 느꼈을 때는 진심을 담아서 사과해야 합니다. 사과는 나의 잘못을 인정하고, 상대방의 마음을 이해하는 과정이지요. 그런데 성의 없는 사과를 하게 되면, 오히려 서로 마음이 더욱 상하는 결과가 벌어지게 된답니다.

> 만약 제대로 사과하지 않고, "미안해, 됐지?"라고 짧고 성의 없는 억지 사과를 하면 친구와의 관계가 더욱 나빠지게 돼요.

그렇다면, 사과를 제대로 하기 위해서 어떻게 해야 할까요?
마음 약국에서 약을 하나 받으면 된답니다. 무슨 약이냐고요?
친구 사이가 좋아지는 마법의 약, 바로 **인사약**이랍니다.

친구에게 사과할 때는 **인사약** 대화 방법을 사용해 보세요.

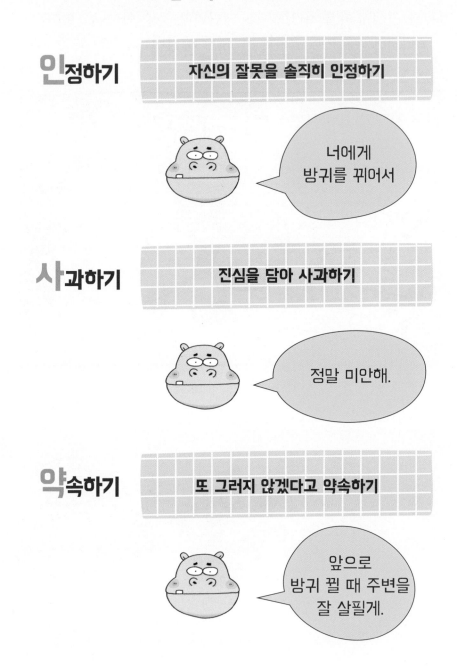

인정하기

자신의 잘못을 솔직히 인정하기

너에게
방귀를 뀌어서

사과하기

진심을 담아 사과하기

정말 미안해.

약속하기

또 그러지 않겠다고 약속하기

앞으로
방귀 뀔 때 주변을
잘 살필게.

인사약이란 사과 대화법 3단계인 '인정하기, 사과하기, 약속하기'의 앞 글자를 따서 기억하기 쉽게 만든 말이에요.

사과를 할 때는 다음과 같은 잘못을 하지 않도록 주의해야 해요.

☝ 또 다른 친구에게 책임 돌리기

✌ 물귀신처럼 다른 친구 끌어들이기

✋ '하지만'이라는 말을 사용해서 변명하기

✋ '만약'이라는 말을 붙여서, 상대방을 속 좁은 사람 취급하기

✋ 상대방에게 책임을 돌리고, 내 책임을 숨기기

내가 친구에게 사과를 했지만, 상대방의 속상한 마음이 바로 풀리지 않을 수 있어요. 이런 경우에는 충분히 친구의 마음을 헤아리고, 이해하는 시간을 갖도록 합니다.

자, 이제 제대로 사과하는 방법을 배웠으니, 책장을 넘겨 연습해 볼까요? 학교생활을 하면서 겪을 수 있는 다양한 사과 상황에서 **인사약** 대화 방법을 활용해 보세요.

방귀 풍선
보여줄게!

11 나에게 따돌림을 당한 친구에게

📢 **인사약**에 따라, 알맞은 말을 써 보세요.

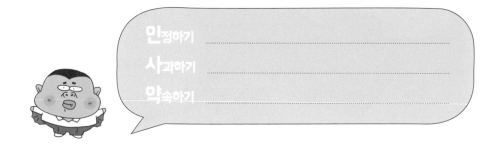

인정하기 ....

사과하기 ....

약속하기 ....

🔍 **마음 돋보기**

내 마음에 들지 않는 친구를 따돌렸어요. 다른 아이들에게 그 친구와 놀지 말라고 부추겨서 외톨이로 만들려고 했지요. 지나고 나니, 그 행동이 얼마나 나쁜 짓인 줄 깨달았어요. 친구가 받은 마음의 상처를 생각하니 너무 미안한 마음이 들어요. 나의 잘못을 솔직히 인정하고 사과할 필요가 있어요. 또한 앞으로 똑같은 잘못을 저지르지 말아야겠어요.

예시 대화 💬

🔵 너와 놀지 말라고 친구들을 부추기고 따돌려서 🟠 진심으로 미안해. 반성을 많이 했어. 🟢 앞으로 너를 따돌리지 않을게. 그리고 친구들에게도 내가 한 잘못을 사실대로 말할게.

12 복도에서 뛰다가 나와 부딪힌 친구에게

📢 **인사약**에 따라, 알맞은 말을 써 보세요.

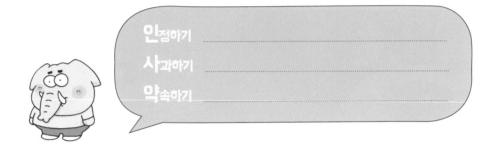

인정하기 _____

사과하기 _____

약속하기 _____

🔍 **마음 돋보기**

복도에서 마구 뛰어다녔어요. 복도에서 조용히 걸어 다니라는 선생님의 말씀을 따르지 않았죠. 그러다 결국 사고가 났어요. 운동장에서 100미터 달리기를 하듯이 뛰어다니다가, 다른 친구와 크게 부딪혔어요. 맞은편에서 걸어오던 그 친구는 나와 부딪혀 바닥에 쓰러졌답니다. 입장을 바꿔서 생각해 보면, 매우 화가 날 것 같아요.

예시 대화 💬

🔵 복도에서 뛰다가 너와 부딪혔어. 🔴 정말 미안해. 다치지 않았니? 🟡 앞으로 복도에서 뛰지 않고, 조심해서 다닐게.

13 친구와의 약속 시간에 늦었을 때

📢 **인사약**에 따라, 알맞은 말을 써 보세요.

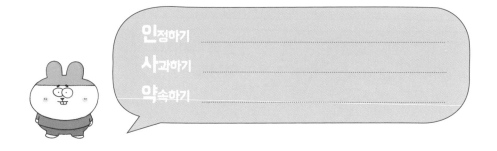

인정하기 ....

사과하기 ....

약속하기 ....

🔍 **마음 돋보기**

휴일에 친구와 만나서 맛있는 음식을 먹기로 약속했어요. 그런데 내가 늑장을 부리는 바람에 약속 시간에 많이 늦었어요. 오랜 시간 동안 기다린 친구는 배가 고프고 화도 많이 났을 것 같아요. 그리고 늦게 온 내가 많이 원망스러웠을 거예요. 친구의 언짢은 마음을 풀어 주기 위해 제대로 사과를 하려고 해요.

예시 대화 💬

🔵 내가 약속 시간에 많이 늦어서, 너를 오래 기다리게 했어. 🔵 정말 미안해. 🔵 앞으로 약속 시간에 늦지 않을게.

14 친구를 때려서 사과할 때

📢 **인사약**에 따라, 알맞은 말을 써 보세요.

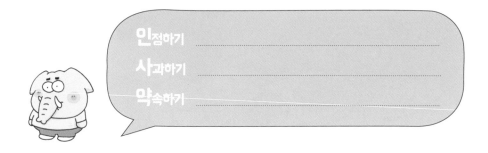

인정하기 ....

사과하기 ....

약속하기 ....

🔍 마음 돋보기

친구와 의견 차이가 있었는데, 나도 모르게 화가 치밀어서 친구를 때리고 말았어요. 친구에게 폭력을 썼다는 사실에 나 자신이 너무 실망스러워요. 그리고 나에게 맞은 친구의 마음은 얼마나 당황스럽고 화가 날까요? 나의 잘못을 인정하고 진심으로 사과해야겠어요. 그리고 앞으로 친구를 때리는 행동은 절대 하지 말아야겠어요.

예시 대화 💬

인 너를 때려서, 아프게 했어. **사** 진심으로 미안해. 친구 사이에 폭력을 사용해서, 너무 부끄럽고 후회하고 있어. **약** 앞으로 폭력을 쓰지 않을게.

15 실수로 국물을 친구에게 쏟았을 때

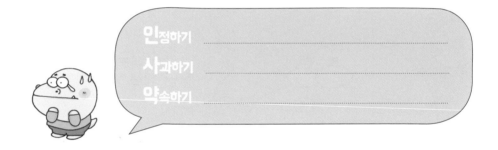
📢 **인사약**에 따라, 알맞은 말을 써 보세요.

인정하기 ....

사과하기 ....

약속하기 ....

🔍 마음 돋보기

급식 시간은 학교에서 가장 기다려지는 순간이에요. 특히 맛있는 반찬이 나오는 날이면 날아갈 것처럼 기분이 좋아요. 그런데 급식을 받고 빨리 먹고 싶어서 뛰어가다가 친구에게 국물을 쏟고 말았어요! 급식실에서 식판을 들고 뛰어다닌 나의 잘못이 크다고 생각해요. 그 친구는 얼마나 놀라고 화가 날까요?

예시 대화 💬

🔵인 급식실에서 뛰어가다가 너에게 국물을 쏟아서 🔴사 정말 미안해. 🟡약 앞으로 급식실에서 뛰지 않고 조심해서 다닐게.

16 내가 흉을 봐서 상처를 입은 친구에게

🔍 **마음 돋보기**

어떤 친구의 흉을 보고 다녔어요. 사실과 다른 소문을 내고, 뒷담화를 하고 다녔지요. 정말 부끄럽고 비겁한 행동이기 때문에 반성하고 있어요. 그 친구는 화가 나고 속상했을 것 같아요. 인사약 방법에 따라, 내 마음을 전하고 사과해야겠어요. 말로 남에게 해를 끼치는 행동도 심각한 학교 폭력이기 때문에 다시는 이런 짓을 하지 않으리라 다짐해요.

예시 대화 💬

🔵 다른 아이들에게 네 흉을 보고, 사실과 다른 소문을 내서 🔴 정말 미안해. 반성을 많이 했어. 🟡 앞으로 그런 짓을 하지 않을게.

17 친구의 장난감을 망가뜨렸을 때

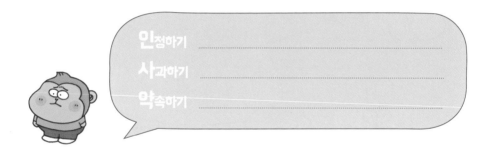

📢 **인사약**에 따라, 알맞은 말을 써 보세요.

인정하기 ....

사과하기 ....

약속하기 ....

🔍 **마음 돋보기**

앗, 친구에게 빌린 장난감을 가지고 놀다가 망가뜨렸어요! 그 순간 눈
앞이 캄캄해졌지요. 이 사실을 알면 그 친구도 매우 속상할 것 같아요.
당연히 손해를 물어 주어야겠지요. 모아둔 용돈으로 똑같은 장난감을
새로 사려고 해요. 그리고 친구의 속상한 마음을 풀어 주기 위해 정식
으로 사과도 해야겠지요.

예시 대화 💬

🔵 너에게 빌린 장난감을 망가뜨려서 🔵 정말 미안해. 네 속상함을 조금이라도 덜어 주고 싶어. 🔵 새 장난감
으로 물어줄게. 앞으로 네가 빌려 준 장난감은 조심해서 가지고 놀게.

18 줄을 서다가 친구의 발을 밟았을 때

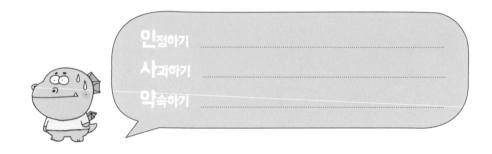

📢 **인사약**에 따라, 알맞은 말을 써 보세요.

인정하기 ....

사과하기 ....

약속하기 ....

🔍 마음 돋보기

운동장에서 체육 수업을 마치고, 교실로 돌아가기 위해 줄을 섰어요.
그러다 앞에 있는 친구의 발을 실수로 밟게 되었지요. 일부러 밟은 것
이 아니기 때문에 사과를 할 필요가 없다고요? 그렇지 않아요! 내가 친
구에게 피해를 준 것은 틀림없는 사실이지요. 그러므로 내가 사과를 하
지 않고 그냥 지나친다면 그 친구는 더욱 화가 날 거예요.

예시 대화 💬

인 줄을 서다가 네 발을 밟아서 **사** 정말 미안해. 다치지 않았니? **약** 앞으로 줄을 설 때 주위를 잘 살필게.

19 모둠 활동 준비물을 안 가져왔을 때

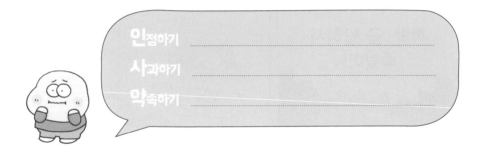

인사약에 따라, 알맞은 말을 써 보세요.

인정하기 _____

사과하기 _____

약속하기 _____

🔍 마음 돋보기

학교에서 모둠별로 요리 실습을 하다니! 정말 신나는 일이지 뭐예요. 알다시피 요리를 하기 위해서는 준비물이 많이 필요해요. 그래서 모둠 원끼리 준비물을 나누어 가져오기로 했지요. 그런데 깜박하고 나의 준비물을 가져오지 않았어요! 실망이 가득한 친구들의 표정을 보니 더욱 미안해요. 모둠 친구들에게 나의 미안한 마음을 전달해야겠어요.

예시 대화 💬

🥚 요리 실습 준비물을 안 가지고 와서 🥚 정말 미안해. 🥚 앞으로는 모둠 준비물을 잊지 않을게.(아직 등교 시간이 남아 있으니, 선생님께 허락을 구하고 집에 가서 준비물을 가져올게.)

20 내가 던진 피구공에 얼굴을 맞은 친구에게

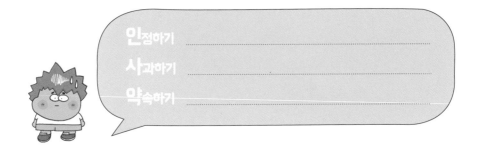

📢 **인사약**에 따라, 알맞은 말을 써 보세요.

인정하기 ....

사과하기 ....

약속하기 ....

🔍 **마음 돋보기**

우리 반에서 피구를 할 때는 얼굴을 향해 공을 던지는 것을 금지하고 있어요. 크게 다칠 수 있기 때문이에요. 그런데 내가 힘껏 던진 공이 하필이면 상대편 친구의 얼굴에 맞았답니다. 반칙을 저지른 것이죠. 그리고 그 친구를 다치게 할 뻔했어요. 그 친구도 무척 아프고 당황했을 거예요. 그러니 나의 잘못을 인정하고 제대로 사과를 해야 하지요.

예시 대화 💬

🔵 피구공을 네 얼굴에 맞혀서 🔵 정말 미안해. 다치지 않았니? 🔵 앞으로 공을 던질 때 좀 더 조심할게.

Part 3
칭찬(격려)할 때는
어떻게 말하지?

꿈을 이루기 위해서
열심히 노력하고 있어!

필기 시험에
대비하자!

얍!

펑!!

우와~!
꿈을 향해 한 걸음씩
나가는 백설공주가
정말 대단해!

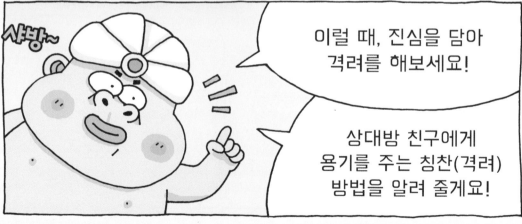

샤방~

이럴 때, 진심을 담아
격려를 해보세요!

상대방 친구에게
용기를 주는 칭찬(격려)
방법을 알려 줄게요!

진심을 담아 칭찬을 하면 상대방에게 용기를 줄 뿐만 아니라 자기 자신을 긍정적으로 바라보게 됩니다. 즉, 바람직한 칭찬은 친구와 나 모두의 마음을 따뜻하게 만드는 말이랍니다.

친구를 격려하고, 나의 마음을 따뜻하게 만드는 칭찬 대화 방법이 궁금하지요? 몇 가지 주의 사항만 기억한다면 크게 어렵지 않답니다.

자, 그럼 바람직한 칭찬 방법을 알아볼까요?

👆 결과보다는 과정을 칭찬합니다.

 결과만 칭찬하기 때문에
바람직하지 않아요.

 과정에 대한 공감과
칭찬입니다.

결과에 대한 지나친 칭찬은 상대방이 오히려 부담스럽게 느낄 수 있어요. '이번에는 내가 결과가 좋아서 칭찬을 받았지만, 다음에 내가 좋은 결과를 내지 못하면 어떻게 하지?'라는 불안이 들기 때문이지요. 하지만 과정에 대한 칭찬은 상대방이 결과에 상관없이 자신을 소중한 존재라고 느끼게 만든답니다.

분명하고 자세하게 칭찬합니다.

구체적이지 않을 뿐만 아니라, 주관적인 평가의 의미가
담겨 있기 때문에 올바른 칭찬이 아니에요.

 분명하고 자세한 칭찬의 이유가 드러나기 때문에
바람직한 칭찬이에요.

　　상대방이 어떤 점 때문에 칭찬을 받는지 알 수 없는 두리뭉실한 칭찬
은 마음을 움직이는 힘이 없어요. 또한 그런 성의 없는 칭찬을 많이 하
게 되면, 내 말에 대한 믿음이 점점 떨어지게 된답니다.

누군가와 비교하는 칭찬을 하지 않습니다.

다른 누군가와 비교하는 칭찬이에요. 또한 '최고야',
'천재야' 등의 표현은 칭찬에 적합하지 않습니다.

비교하는 칭찬은 결국 다른 누군가를 깎아내리는 말입니다. 다른 이
와 비교하지 않고, 온전히 친구의 장점을 칭찬해야 한답니다.

 가능성을 키워주는 칭찬을 합니다. 이를 위해 '갈수록', '점점'과
같은 낱말을 사용하면 좋아요.

상대방의 자존감을 키우고 더욱 발전할 수 있도록
도와주는 칭찬입니다.

엄지를 척 들어올리거나 미소를 짓는 것처럼 긍정적인 몸짓이나 표정으로 칭찬을 하면 더욱 좋습니다.

긍정적인 태도로 대화를 하면 나의 따뜻한 마음이 상대방에게 더욱 잘 전해지기 때문이에요. 이는 칭찬을 할 때뿐만 아니라, 다른 대화를 할 때도 기억하면 좋아요.

큰 장점이나 잘한 일이 아니더라도, 평소에 친구의 사소한 것이나 노력하는 모습을 관찰하고 칭찬해 보세요. 이제 책장을 넘겨서 바람직한 칭찬 대화를 연습해 보도록 할까요?

21 시합에서 졌지만 최선을 다한 친구들에게

📢 **칭찬(격려)**의 말을 알맞게 써 보세요.

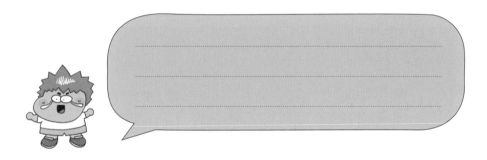

🔍 **마음 돋보기**

우리 학교 피구부는 스포츠 클럽 대회에 출전했어요. 이 대회를 위해
우리 피구부 친구들은 열심히 훈련을 했지요. 그러나 대회 결과가 좋지
못했어요. 최선을 다했지만 상대팀에 패배하고 말았답니다. 실망이 큰
친구들에게 격려의 말을 해주고 싶어요. 비록 대회 성적은 좋지 않았지
만, 그동안 피구부 친구들이 흘린 땀은 금메달감이라고 생각해요.

예시 대화 💬

"비록 결과는 만족스럽지 않을지라도, 우리들이 자랑스러워! 🎒 그동안 열심히 훈련을 하면서 많은 땀을 함께
흘렸잖아. 결과와 상관없이 우리 팀은 이미 금메달이라고 생각해. 우리는 점점 앞으로 나아갈 거야!"

22 그림 그리기를 좋아하는 친구에게

📢 **칭찬(격려)**의 말을 알맞게 써 보세요.

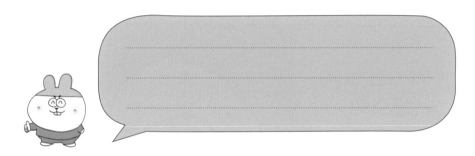

🔍 **마음 돋보기**

꿈을 이루기 위해 꾸준히 노력하는 친구의 모습은 정말 보기 좋아요.
그 모습을 보면 나도 의지가 솟아오른답니다. 그림 작가가 꿈인 친구가
내 얼굴을 그려서 선물로 주었는데, 매우 만족스러워요. 친구의 정성스
러운 마음이 느껴져요. 자신의 특기인 그림으로 나를 기쁘게 해준 친구
가 무척 고마워요.

예시 대화 💬

"그림이 갈수록 점점 더 예뻐지는구나! 🐲 그림 작가라는 꿈을 향해 꾸준히 노력하는 너의 모습이 정말 대단
해! 네 덕분에 나도 좋은 영향을 받고 있어."

23 교실에 버려진 쓰레기를 줍는 친구에게

📢 **칭찬(격려)**의 말을 알맞게 써 보세요.

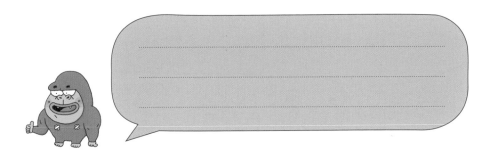

🔍 **마음 돋보기**

누가 시키지 않아도 스스로 교실에 버려진 쓰레기를 줍는 친구를 보았어요. 평소에도 책임감이 강한 친구였는데, 그 모습을 보니 정말 대단하다고 생각했지요. 나도 모르게 미소가 지어지며, 엄지손가락을 번쩍치켜세웠어요. 이런 친구가 많아진다면 우리 사회는 더욱 살기 좋은 세상이 될 거예요.

예시 대화 💬

"아무도 시키지 않았는데 스스로 쓰레기를 줍는구나! 우리 학급을 위해서 책임감을 가지고 생활하는 네 모습이 정말 보기 좋아!"

24 학생회장으로 당선된 친구에게

🔊 **칭찬(격려)**의 말을 알맞게 써 보세요.

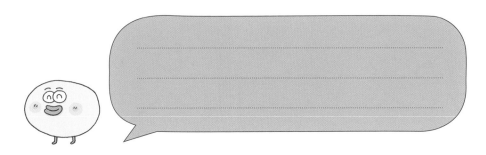

🔍 마음 돋보기

우리 학교를 위해 적극적으로 봉사 활동을 하던 친구가 학생회장 선거에 출마했어요. 갈등을 없애고 행복한 학교를 만들고 싶다는 공약을 내걸고, 열심히 선거 운동을 했지요. 결국 그 친구는 많은 표를 받아 당선되었답니다. 마치 내 일처럼 기쁘고 반가운 소식이었어요. 학생회장으로서 책임감 있게 많은 일들을 해나갈 친구의 앞날을 응원해요.

예시 대화 💬

"학생회장이 되기 전에도 너는 늘 적극적으로 나서서 궂은일을 해왔지. 그 모습이 무척 인상 깊었고, 본받을 만하다고 생각했어. 그래서 학생회장 선거 운동을 열심히 하는 네 모습을 보면서 나도 응원을 했단다." 👏👏👏

25 학예회 공연을 열심히 준비하는 친구에게

결국 댄스 공연으로 의견을 모았답니다.
학예회를 앞두고 열심히 연습을 하고 있어요.

📣 **칭찬(격려)**의 말을 알맞게 써 보세요.

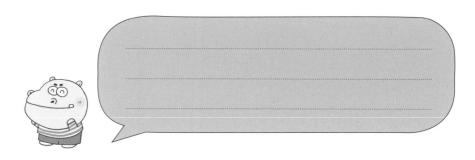

🔍 **마음 돋보기**

친한 친구들끼리 학예회 댄스 공연을 준비하고 있어요. 처음에는 의견이 달라서 작은 다툼도 있었지만, 지금은 똘똘 뭉쳐서 한마음으로 공연을 준비하고 있답니다. 함께 나눈 시간이 많다 보니 예전보다 더욱 친해진 느낌이에요. 공연을 앞두고 함께 준비한 친구들에게 응원과 격려의 말을 건네고 싶어요.

예시 대화 💬

"매일 함께 연습을 하다 보니 갈수록 우리 실력이 나아지고 있어! 👊 그리고 점점 더 친해진 느낌이야! 나중에 즐거운 추억으로 남을 거라고 생각해."

26 축구 대회 준비를 열심히 하는 친구에게

📢 **칭찬(격려)**의 말을 알맞게 써 보세요.

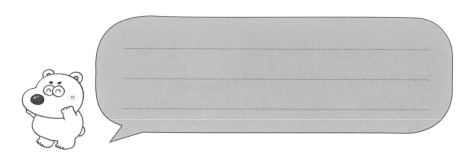

🔍 마음 돋보기

스포츠 경기를 보면서 즐거움을 얻고 감동을 받을 때도 있지요. 또한 선수들의 도전을 보면서 용기를 얻기도 해요. 멋진 경기를 통해 사람들에게 즐거움, 감동, 용기를 주는 스포츠 선수가 되고 싶은 친구가 있답니다. 꾸준히 훈련을 하며 꿈을 향해 한 걸음씩 나아가고 있는 그 친구가 자랑스러워요.

예시 대화 💬

"스포츠 선수가 되기 위해 열심히 노력하는 네 모습이 매우 자랑스러워!" ✊

27 수업 시간에 발표를 마친 친구에게

📢 **칭찬(격려)**의 말을 알맞게 써 보세요.

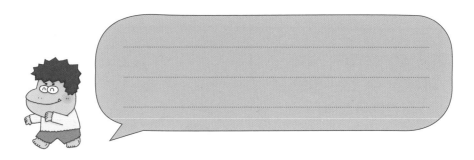

🔍 **마음 돋보기**

친구들 앞에 나와서 또박또박 큰 소리로 발표하는 일은 쉽지 않아요. 그래서 발표를 잘하는 친구를 보면 감탄이 나와요. 많은 아이들 앞에서 긴장도 되었을 텐데, 자신감 있게 발표하기 위해서 많은 준비를 했을 거예요. 발표 수업을 멋지게 마친 친구에게 응원과 격려의 박수를 보내요!

예시 대화 💬

"이번 발표를 위해 네가 얼마나 많은 준비와 노력을 했는지 알고 있어. 점점 더 멋진 모습으로 성장하는 너를 응원해!" 🌰🌰🌰

28 환경 보호를 꾸준히 실천하는 친구에게

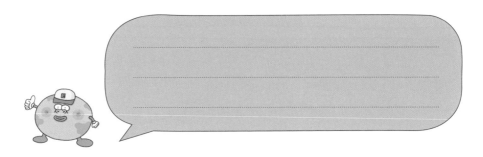

칭찬(격려)의 말을 알맞게 써 보세요.

🔍 마음 돋보기

지구가 뜨거워지면서 지구보다 우리가 더 걱정인 세상이 되었어요. 기후 위기가 우리의 삶을 위협하고 있기 때문이지요. 기후 위기를 막고 자연을 보호하는 일을 꾸준히 실천하는 멋진 친구가 있어요. 작지만 특별한 실천을 하는 그 친구야말로 지구촌 사람들을 구하는 슈퍼 영웅이라고 생각해요. 나도 환경 시민으로서 작은 실천부터 시작해야겠어요.

예시 대화 💬

"기후 위기와 환경 오염을 막기 위해 실천하는 네가 정말 대단해! 🌏 나도 환경 시민이 되기 위해 노력해야겠어."

29 책을 열심히 읽는 친구에게

운동을 하면 몸의 근육이 커지고,

우워어!

책을 읽으면, 마음과 생각 근육이 커져!

인공지능 시대에도 책은 여전히 소중해!

책은 세상을 넓고 바르게 보도록 도와주지.

📢 **칭찬(격려)**의 말을 알맞게 써 보세요.

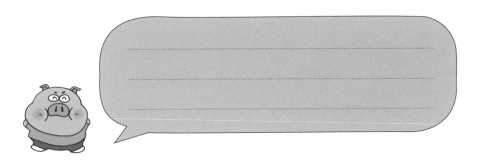

🔍 **마음 돋보기**

책을 읽으면 마음과 생각 주머니가 커져요. 그리고 내가 겪어보지 못한 경험을 상상으로 대신하게 해주지요. 그런데 인공지능 시대가 다가오면서 종이책의 자리가 점점 좁아지는 것 같아 안타까운 마음이 들어요. 그래서 꾸준히 독서하는 친구를 보면, 정말 대단하다고 생각해요. 그 친구처럼 나도 책을 가까이 해야겠다고 결심했어요.

예시 대화 💬

"늘 책을 가까이 하면서 독서를 하다니! 네 꾸준한 모습을 보니 나도 책을 읽고 싶은 마음이 들어!" 🐷

30 골든벨 퀴즈에서 끝까지 남은 친구에게

📢 **칭찬(격려)**의 말을 알맞게 써 보세요.

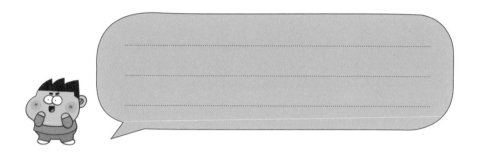

🔍 **마음 돋보기**

수업 시간에 골든벨 퀴즈 대회를 했어요. 비록 나는 중간에 탈락했지만, 남은 친구들을 응원하느라 흥미진진한 시간이었답니다. 결국 한 친구가 마지막 문제까지 맞히고 우승을 차지했어요. 평소에 책을 많이 읽고 수업을 열심히 듣는 성실한 친구이기 때문에 우승할 자격이 있다고 생각해요. 그 친구가 너무 자랑스럽고 대견해요!

💬 **예시 대화**

"수업을 열심히 듣고, 공부를 성실하게 하던 네 모습이 떠올라. 🌰🌰 네 덕분에 나도 좋은 영향을 받고 있어."

Part 4

위로할 때는 어떻게 말하지?

속상하거나 어려운 상황에 처했을 때, 친구가 곁에 있어 주는 것만으로도 큰 힘이 됩니다. 누군가 이야기만 들어 주어도 상대방이 자신을 걱정하고 응원해 준다고 여겨 용기를 얻게 되지요.

도움이 필요한 친구에게 먼저 손을 내밀고 배려해 주세요. 그리고 따뜻한 말을 통해 친구에게 용기를 북돋아 주세요. 그러면 친구 관계가 더욱 깊어질 거예요.

나의 마음이 전해져서 상대방 친구에게 힘이 되려면, 다음과 같이 대화하면 된답니다. 위로하는 대화 방법을 한번 알아볼까요?

👆 꼭 구체적인 해결 방법을 조언해 주지 않아도 괜찮습니다. 우선 "무슨 일 있어?", "괜찮아?"라고 가볍게 말을 걸어보는 것이 좋아요. 그 친구가 마음의 문을 열고 기댈 수 있도록 조심스럽게 다가가는 것이죠. 섣불리 충고를 하기보다는 상대방의 이야기를 귀담아듣도록 해요.

👆 친구의 상황에 공감하기 위해 "~했구나."라는 표현을 쓰면 좋습니다. 상대의 말을 진심으로 듣고 있다는 나의 마음이 전해질 거예요.

친구가 어려움을 털어놓으면, 고개를 끄덕이거나 공감하는 태도로 열심히 듣습니다. 3부에서 우리는 말의 내용뿐만 아니라, 말을 하는 표정, 말투, 몸짓도 중요하다는 사실을 배웠답니다.

위로하는 말을 건넸는데, 그 친구가 마음의 준비가 되지 않아서 응하지 않는다면 억지로 대화를 이어갈 필요는 없어요. 친구가 마음이 편안해질 때까지 기다렸다가 나중에 다시 들어 주어도 괜찮답니다.

31 괴롭힘을 당해서 울고 있는 친구에게

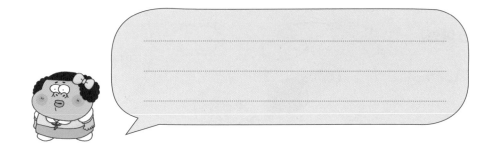

📢 **위로**의 말을 알맞게 써 보세요.

🔍 **마음 돋보기**

약한 친구가 괴롭힘을 당하는 모습을 목격했어요. 당장 달려가서 친구를 위로하고, 괴롭힌 상대방을 말렸지요. 당연히 담임 선생님께도 이 사실을 알릴 거예요. 괴롭힘을 당한 그 친구의 마음은 얼마나 슬펐을까요? 즐거워야 할 학교생활이 매우 괴롭고 우울했을 거라고 생각하니 너무 안타까워요. 내가 도움을 줄 수 있는 방법을 찾아봐야겠어요.

예시 대화 💬

"괜찮아? 그동안 괴롭힘을 당해서 많이 속상했겠구나. 이제는 걱정하지 마. 우리가 곁에 있잖아!"

32 공부가 힘들어서 포기하려는 친구에게

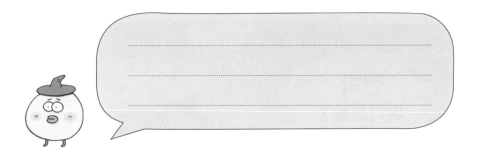

🔊 **위로**의 말을 알맞게 써 보세요.

🔍 마음 돋보기

공부에 관심과 흥미를 잃고, 힘들어하는 친구가 있어요. 사실 나도 어려운 수학 문제를 풀지 못해서 끙끙대던 경험이 있기 때문에 그 마음을 공감해요. 세상을 똑바로 살고, 나의 꿈을 이루기 위해서 공부가 필요하다는 사실을 알고 있지만, 때로는 그 공부가 너무 힘들게 느껴져요. 나와 비슷한 고민을 안고 있는 그 친구에게 힘을 주고 싶어요.

예시 대화 💬

"요즘 잘 지내고 있어? 공부가 많이 힘들었구나. 힘들고 속상할 때 나에게 기대도 돼."

33 전학 가며 마지막 인사를 나누는 친구에게

📢 **위로**의 말을 알맞게 써 보세요.

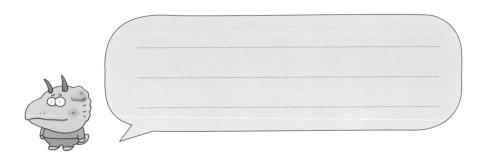

🔍 **마음 돋보기**

친한 친구가 갑자기 전학을 간다는 소식을 들었어요. 그동안 많은 추억을 함께 쌓았던 친구라서 너무 놀라고 아쉬웠지요. 나도 이런 마음이 드는데, 그 친구는 어떤 마음이 들까요? 정든 친구들과 헤어져서 새롭고 낯선 환경에 처하게 되었으니, 마음이 무겁고 당황스러울 것 같아요. 마지막 인사를 어떻게 해야 할지 고민 중이랍니다.

예시 대화 💬

"갑자기 전학 간다는 소식을 듣고 많이 놀랐어. 정든 친구들과 헤어지게 돼서 아쉽겠구나."

34 우리 반에 전학 온 새로운 친구에게

말랑말랑 마음대화

📢 **위로**의 말을 알맞게 써 보세요.

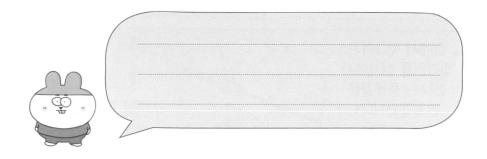

🔍 마음 돋보기

우리 반에 새로 전학생이 왔어요. 멀리서 이사를 왔기 때문에 아는 친구가 한 명도 없고, 학교도 낯설 것 같아요. 수줍음이 많은 성격인지 먼저 말을 걸지 못하고, 쉬는 시간에도 자기 자리에만 앉아 있어요. 지금 상황이 얼마나 어색하고 외로울까요? 그 친구가 새로운 환경에 빨리 적응하고, 우리 반 아이들과 친해질 수 있도록 도움을 주고 싶어요.

예시 대화 💬

"전학을 와서 우리 반이 아직 많이 낯설지? 혹시 우리 반에 대해서 궁금한 점이 있으면 나에게 물어 보렴."

35 학생회장 선거에서 떨어진 친구에게

📢 **위로**의 말을 알맞게 써 보세요.

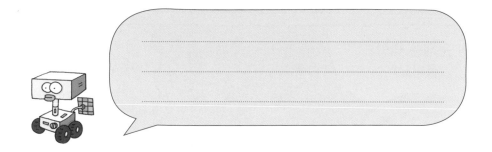

🔍 마음 돋보기

학생회장이 되고 싶어 하는 친구가 있어요. 선거 공약을 열심히 준비하고, 포스터도 정성껏 만들었지요. 매일 아침 등굣길에 열정적으로 선거 유세를 하는 그 친구의 모습을 볼 수 있었지요. 그러나 개표 결과 그 친구는 낙선하고 말았어요. 기대가 컸던 만큼 실망도 무척 컸나 봐요. 어깨가 축 늘어진 그 친구에게 따뜻한 말을 해줘야 할 것 같아요.

예시 대화 💬

"결과가 만족스럽지 못해서 속상하겠구나. 결과가 어떻게 나왔든 간에 나는 한결같이 너를 응원해!"

36 시험 결과가 만족스럽지 않은 친구에게

🔊 **위로**의 말을 알맞게 써 보세요.

🔍 **마음 돋보기**

시험 결과가 만족스럽지 않게 나온 친구가 있어요. 평소에 수업 태도도 바르고, 나름 공부도 열심히 했기에 더욱 충격이 큰 것 같아요. 바라던 결과가 나오지 않아 마음이 몹시 상했을 거예요. 그 모습을 옆에서 보는 나의 마음도 편하지 않지요. 친구의 마음을 북돋아 줄 수 있는 말을 건네려고 해요.

예시 대화 💬

"시험 결과가 원하는 만큼 나오지 않아서 실망이 크겠구나. 속상한 것이 있으면 말해 봐. 내가 다 들어 줄게."

37 자전거를 타다가 다친 친구에게

📢 **위로**의 말을 알맞게 써 보세요.

🔍 마음 돋보기

친구가 자전거를 새로 사서 마음이 무척 들떴어요. 안전 수칙을 소홀히 해서 자전거를 타다가 크게 다치고 말았지요. 안전모를 쓰지 않고 과속을 한 점에 대해서 무척 후회하고 있을 거예요. 그리고 사고를 당한 그 순간에 무척 아프고 놀랐을 것 같아요. 친구가 빨리 건강을 되찾고, 다시 일상생활을 할 수 있도록 따뜻한 위로의 말을 건네야겠어요.

예시 대화 💬

"많이 놀랐지? 사고가 났을 때 많이 아팠을 것 같아. 네가 빨리 회복하길 바라."

38 친구와 싸우고 나서 후회하는 친구에게

📢 **위로**의 말을 알맞게 써 보세요.

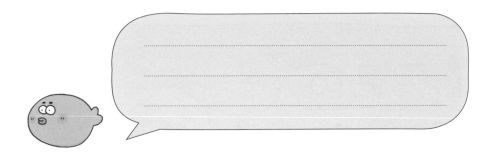

🔍 **마음 돋보기**

친구끼리 사소한 오해가 깊어져서 싸우게 되는 경우가 많아요. 그때는 화가 나고 분한 마음이 들었지만, 지나고 나면 나의 잘못을 깨닫고 후회를 해본 경험이 있지요. 똑같은 경험을 내 친구도 했어요. 친구 관계에 대해 고민이 많은 그 친구를 위로하고, 힘을 주고 싶어요.

예시 대화 💬

"요즘 고민이 있어? 네 얼굴이 어두워 보여서 걱정스러워. 무슨 일인지 내가 들어 줄게."

39 학원 일정이 힘들어서 우울한 친구에게

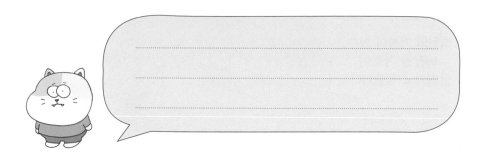

📢 **위로**의 말을 알맞게 써 보세요.

🔍 마음 돋보기

친구 부모님은 대학 입시에 굉장히 관심이 많고 불안해하세요. 그래서 초등학생인 내 친구는 벌써부터 학원을 엄청나게 많이 다닌답니다. 부모님의 걱정을 이해하지만, 친구는 너무 많은 학원을 다니느라 늘 피곤하고 힘들어해요. 함께 노는 시간이 적다 보니 친구들과도 멀어진 느낌이 든다고 말하죠. 내가 친구의 학원을 줄여 줄 수는 없겠지만, 친구의 고민을 나누고, 마음을 토닥일 수는 있을 거예요.

예시 대화 💬

"그렇게 많은 학원을 한꺼번에 다니다니 정말 힘들겠구나. 너무 힘들면 나에게 기대도 돼."

40 달리기 시합에서 넘어져 속상한 친구에게

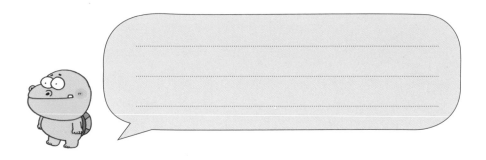

위로의 말을 알맞게 써 보세요.

마음 돌보기

운동회의 하이라이트는 이어달리기죠! 반 대표로 뽑힌 내 친구는 의욕이 넘쳤답니다. 그런데 배턴을 받은 내 친구는 얼마 가지 않아 크게 넘어졌어요. 우리 팀은 결국 승부에서 지고 말았지요. 자신 때문에 졌다고 생각해서인지 그 친구는 얼굴을 들지 못했어요. 매우 미안하고 속상한 마음일 거예요. 하지만 승부보다 그 친구의 마음이 더 걱정돼요.

예시 대화

"괜찮아? 다치지 않았어? 달리기 시합에서 이기는 것보다 네가 크게 다치지 않았으면 좋겠어. 걱정하지 마."

Part 5

고마울 때는 어떻게 말하지?

고마움을 표현하면 나에 대한 사람들의 믿음이 커지고 친구들과의 관계도 좋아집니다. 또한 고마움을 받은 친구가 기뻐한다면 나도 덩달아 유쾌하고 행복한 마음이 들겠죠? 그렇다면 고마움을 표현하는 대화 방법을 알아볼까요?

앞에서 소개한 '나 전달법'에 대해서 기억할 거예요. 화나는 마음을 표현할 때 효과적인 방법이죠. 그런데 화뿐만 아니라 고마움을 표현할 때도 '나 전달법'을 활용하면 좋습니다. 화날 때 쓰는 나 전달법과는 살짝 다른 점이 있는데, 어렵지 않아요.

사나고는 고마울 때 나의 마음을 표현하는 대화 순서인 **사실→나의 상황 혹은 마음→고마움**을 뜻해요. 1부에서 배운 '사나바'처럼 각 낱말의 앞 글자를 따서 기억하기 쉽게 만든 말이지요.

사실

고마움을 느끼게 한 사실(친구의 말이나 행동)
말하기

다리를 다쳤을 때,
흥부님이 병원으로
데려다 주셔서

나의 상황
혹은 마음

그로 인해 나아진 상황
혹은 나의 긍정적인 마음 말하기

무사히 치료를
마칠 수 있었어요.
(놀라고 당황스러웠던
마음이 싹 달아났어요.)

고마움

고마움 표현하기

정말 고맙습니다.

☝ 고마운 일을 겪었을 때는 그 순간에 마음을 바로 표현해야 합니다. 그래야 나의 고마운 마음이 잘 전달될 수 있겠죠?

✌ 진심을 담은 표정, 말투, 몸짓으로 말을 한다면 더욱 좋습니다. 대화를 할 때는 말의 내용뿐만 아니라, 태도도 중요하다는 '메라비언의 법칙'을 기억하고 있을 거예요.

자주 찾아와 줘서,
이제 외롭지 않아.
정말 고마워!

41 아픈 나를 보건실까지 부축해 준 친구에게

곧 괜찮아질 거야!
기운 내렴.

📢 **고마움**을 표현하는 말을 알맞게 써 보세요.

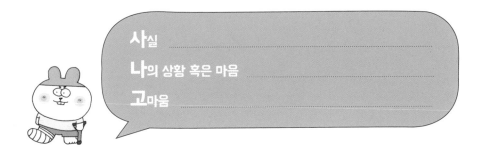

사실 _____

나의 상황 혹은 마음 _____

고마움 _____

🔍 **마음 돌보기**

달리기를 하다가 발목을 접질려서 크게 다쳤어요. 발목이 퉁퉁 부어서 너무 아프고 놀랐답니다. 운동장에 쓰러져서 어쩔 줄 몰라하던 나를 친구가 부축해서 보건실로 데려다 주었어요. 보건 선생님께 응급 처치를 받고 병원에서 치료를 한 덕분에 아픔은 금방 없어졌어요. 빨리 나를 보건실에 데려다 준 친구에게 고마운 마음을 전하고 싶어요.

예시 대화 💬

🗨 네가 다친 나를 보건실로 데려다 줘서 🗨 빨리 치료를 받을 수 있었어. 덕분에 잘 회복하고 있어. 🗨 정말 고마워!

📢 **고마움**을 표현하는 말을 알맞게 써 보세요.

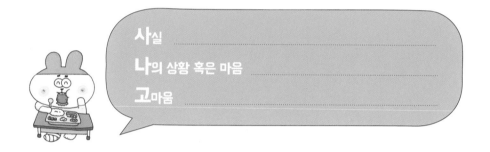

사실 _____

나의 상황 혹은 마음 _____

고마움 _____

🔍 **마음 돋보기**

발목을 다쳐서 깁스를 하고, 목발을 짚고 다니게 되었어요. 그러다 보니 일상생활을 하면서 불편한 점이 꽤 많아요. 예를 들면, 급식을 받을 때 난감해요. 한 손으로 식판을, 다른 한 손은 목발을 잡고 급식 받을 생각을 하니 눈앞이 캄캄해졌어요. 그런데 내 친구가 선뜻 급식을 대신 받아 주겠다고 나서 주었어요. 매우 고마운 일이지 뭐예요!

예시 대화 😀

🕐 네가 급식을 대신 받아 준 덕분에 🕑 편하게 점심 식사를 할 수 있었어. 🕒 발을 다쳐서 눈앞이 캄캄했는데, 정말 고마워!

43 나의 생일을 축하해 준 친구에게

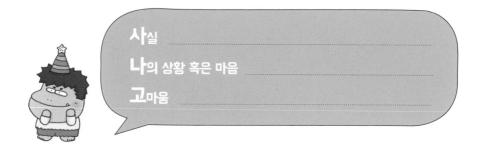

고마움을 표현하는 말을 알맞게 써 보세요.

사실 _____

나의 상황 혹은 마음 _____

고마움 _____

🔍 마음 돋보기

오늘은 내 생일이에요. 다른 날과는 다르게 오늘은 내가 특별하게 느껴지는 날이지요. 친한 친구들이 모여서 깜짝 생일 축하를 해주었어요. 특별한 날에 소중한 단짝 친구들에게 축하를 받으니 하늘을 날아갈 것처럼 기쁘고 흐뭇했어요. 나에게 이런 행복을 안겨 준 친구들에게 고마운 마음을 전해요.

예시 대화 💬

🔵사 오늘 나를 위해 깜짝 생일 축하를 해주어서 🟢나 기쁘고 행복했어. 🔴고 정말 고마워!

44 보드게임 놀이 방법을 설명해 준 친구에게

📢 **고마움**을 표현하는 말을 알맞게 써 보세요.

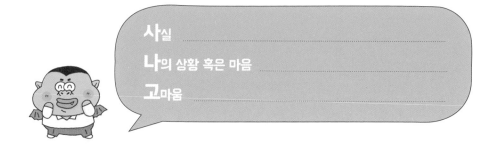

사실 ＿＿＿＿＿＿＿＿＿＿＿＿＿＿＿＿＿＿＿＿＿＿＿＿＿＿＿

나의 상황 혹은 마음 ＿＿＿＿＿＿＿＿＿＿＿＿＿＿＿＿＿＿＿

고마움 ＿＿＿＿＿＿＿＿＿＿＿＿＿＿＿＿＿＿＿＿＿＿＿＿＿

🔍 **마음 돋보기**

쉬는 시간이나 점심시간에 친구들과 보드게임을 하는 것은 학교생활의 큰 즐거움이에요. 담임 선생님께서 종종 새로운 보드게임을 교실에 가져다 주신답니다. 그런데 이번에 새로 들어온 보드게임은 설명서를 봐도 규칙이 잘 이해되지 않아서 당황스러웠어요. 그렇지만 어떤 친구가 방법을 자세히 설명해 줘서 재미있게 게임을 할 수 있었지요.

예시 대화 💬

사 새로운 보드게임 방법을 알려 줘서 **나** 우리가 재미있게 놀이를 할 수 있었어. **고** 정말 고마워!

45 수학 공부를 도와준 친구에게

📢 **고마움**을 표현하는 말을 알맞게 써 보세요.

사실 _____

나의 상황 혹은 마음 _____

고마움 _____

🔍 **마음 돋보기**

어려운 수학 문제를 풀면 머리가 뜨거운 냄비로 변한 느낌이에요. 남들은 쉽게 푸는데 나만 못 푸는 것 같아서 기가 죽고 짜증이 날 때도 있지요. 그렇게 고민하는 나에게 수학 문제 풀이를 도와준 친구가 있어요. 친구의 설명을 들으니 어려운 문제도 술술 풀리고 자신감이 생겨요. 자신의 시간을 나에게 써 준 친절한 친구에게 고마움을 느껴요.

예시 대화 💬

🔵 친절하게 수학 문제 풀이를 자세히 알려 줘서 🟢 나도 수학에 자신감을 가지게 되었어. 🟠 정말 고마워!

46 무거운 물건을 함께 들어 준 친구에게

오늘은 내가 교실 쓰레기 버리는 당번이지!

쓰레기도 분리배출해서 재활용하면, 자원으로 다시 쓸 수 있단다!

끄으음~

혼자 들고 가기에는 너무 무거워!

📢 **고마움**을 표현하는 말을 알맞게 써 보세요.

사_실 _____

나_{의 상황 혹은 마음} _____

고마움 _____

🔍 **마음 돋보기**

학급에서 분리배출 당번을 맡았어요. 그런데 간혹 쓰레기가 많이 모이
는 날에는 혼자 들고 가기 무거울 때가 있어요. 가득 찬 분리배출 쓰레
기통을 보면 정말 어찌할 바를 모르겠어요. 그런데 친구들이 도와주는
바람에 쉽게 해결이 되었답니다. 당번이 아닌데도 나를 위해서 나서 준
친구들이 무척 소중하게 느껴져요.

예시 대화 💬

🔵사 무거운 짐을 함께 들어 줘서 🔵나 교실 쓰레기통 정리를 무사히 할 수 있었어. 🔵고 혼자였으면 못 했을 거야.
정말 고마워!

47 넘어진 나를 일으켜 준 친구에게

📢 **고마움**을 표현하는 말을 알맞게 써 보세요.

사실 _____
나의 상황 혹은 마음 _____
고마움 _____

🔍 **마음 돋보기**

길을 건너다 크게 넘어졌어요. 그 순간 아프기도 했지만, 주변의 시선 때문에 너무 창피했어요. 그리고 주위를 살피지 않고 휴대폰만 보면서 걸었던 자신을 반성했어요. 어쩔 줄 모르고 넘어져 있던 나를 일으켜 세워준 친구가 있어요. "다치지 않았니?"라고 물어보며 달려온 그 친구의 행동은 눈물이 찔끔 날 정도로 감동적이었답니다.

예시 대화 💬

🐰 길에서 크게 넘어진 나를 일으켜 세워주었구나! 🐷 덕분에 아픔과 창피함을 잊을 수 있었어. 🐷 당황해서 어찌할 바를 몰랐는데, 정말 고마워!

48 미술 시간에 준비물을 빌려준 친구에게

오늘 미술 준비물인 물감을 안 가지고 왔어!

어흑~ 어떻게 하지?

내 물감이 많으니, 함께 쓰자!

!

엥?

너는 친구를 잘 괴롭히는 김개똥!

고마움을 표현하는 말을 알맞게 써 보세요.

사실 _____
나의 상황 혹은 마음 _____
고마움 _____

🔍 마음 돋보기

미술 수업 준비물인 물감을 안 가져왔어요. 가장 중요한 물감 없이 어떻게 미술 활동을 할지 걱정이 한가득 마음속에 들어왔지요. 그런데 옆에 앉은 친구가 자신의 물감을 흔쾌히 빌려주었어요. 어려운 상황에서 도움을 준 그 친구에게 고마운 마음을 전하고 싶어요.

예시 대화 😊

사 미술 시간에 네가 물감을 빌려준 덕분에 **나** 미술 활동을 잘 마칠 수 있었어. **고** 물감이 없어서 걱정을 많이 했는데. 정말 고마워!

49 등굣길에 반갑게 인사하는 친구에게

매일 아침마다
반갑게 인사하는 냥이를
보면 기분이 좋아져!

📢 **고마움**을 표현하는 말을 알맞게 써 보세요.

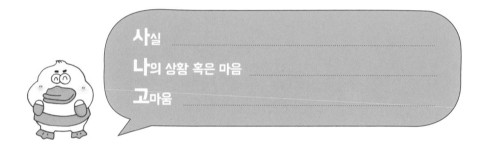

사실 _____

나의 상황 혹은 마음 _____

고마움 _____

🔍 **마음 돋보기**

학교에 가면 선생님과 친구들 덕분에 재미있는 시간을 보낼 수 있어요. 하지만 항상 즐거울 수는 없고, 때로는 학교 가는 발걸음이 무거울 때도 있지요. 그런데 매일 아침 환한 미소와 함께 밝게 인사를 건네는 친구 덕분에 하루를 기분 좋게 시작한 적이 많아요. 나도 그 친구처럼 주변에 행복의 씨앗을 뿌리는 사람이 되고 싶어요.

예시 대화 💬

🐥 매일 아침 네가 밝게 인사를 해주어서 🐤 학교 가는 발걸음이 무겁지 않았어. 네 덕분에 아침마다 기분이 좋아. 🐔 정말 고마워!

50 재미있는 책을 추천해 준 친구에게

📢 **고마움**을 표현하는 말을 알맞게 써 보세요.

> **사**실 _____
>
> **나**의 상황 혹은 마음 _____
>
> **고**마움 _____

🔍 **마음 돌보기**

책은 척척박사예요. 세상에 대한 지식이나 지혜를 우리에게 주잖아요. 독서에 관심이 많은 나에게 어떤 친구가 좋은 책을 소개해 줬어요. 재미있을 뿐만 아니라 유익한 내용으로 가득 차서 나에게 도움이 많이 되었어요. 아낌없이 좋은 책을 소개해 주는 그 친구에게 진심으로 고마움을 전하고 싶어요.

예시 대화 😄

사 나에게 재미있는 책을 추천해 주어서 **나** 재미있게 독서를 할 수 있었어. 재미뿐만 아니라 내용도 매우 유익했단다. **고** 정말 고마워!

마치며

내 마음의 주인은 바로 나!
마음의 주인으로서,
내 마음을 스스로 다스리고
친구의 마음을 사로잡는
말랑말랑 마음 대화의 달인이 되어 보세요!

말랑말랑 마음대화

초판 1쇄   2025년 2월 28일
글·그림   옥이샘

펴낸이   윤을식
펴낸곳   도서출판 지식프레임
출판등록   2008년 1월 4일 제 2023-000024호
전화   (02)521-3172
팩스   (02)6007-1835
이메일   jfbook@naver.com
블로그   https://blog.naver.com/jisikframe

ISBN   979-11-982213-8-4 (73190)